Você vai conseguir

Tradução para o português: Adriana Toledo de Almeida
Edição: Lidia María Riba
Colaboração editorial: Cristina Alemany

Rua José Felix de Oliveira, 1205 - CEP 06708-645
Granja Viana - Cotia - SP - Brasil
Tel./Fax: (55-11) 4612-2866
e-mail: editoras@vlivropresente.com.br
www.livropresente.com

ISBN: 978-85-87213-78-5

Impresso na China por Ava Books Production Pte. Ltd., Singapore
Printed in China

Wybranietz, Kristiane
Você vai conseguir / Texto e fotografias de Kristiane e Volker Wybranietz;
[tradução para o português, Adriana Toledo de Almeida]. --
Cotia, SP : Vergara & Riba Editoras, 2007.
(Coleção quero lhe dizer)
Título original: Puedes lograrlo!

ISBN 978-85-87213-78-5

1. Auto-confiança
2. Auto-estima
3. Máximas
I. Wybranietz, Volker.
II. Título.
III. Série.
07-4228 CDD-818
Índices para catálogo sistemático:
1. Auto-confiança : Máximas : Literatura 818
2. Auto-estima : Máximas : Literatura norte-americana 818

Você vai conseguir

Texto e fotografias
de Kristiane e Volker Wybranietz

V&R EDITORAS

Aquela dorzinha
incômoda
na região do estômago,
que mais tarde
se desfez sozinha,
era apenas a expressão
física da tensão
que rapidamente desaparece
quando podemos
dizer: "*Consegui!*".

Consegui!

Quando, durante
o caminho,
ainda perto da largada,
no meio ou quase na chegada,
percebemos que nem a tarefa
nem o objetivo
são os nossos,
é melhor
refazer os planos
e começar de novo.

Chegada

A coragem de encarar
caminhos e métodos
incomuns
abriga a solução
dos problemas,
que parecem insolúveis.

Insolúvel

Distância

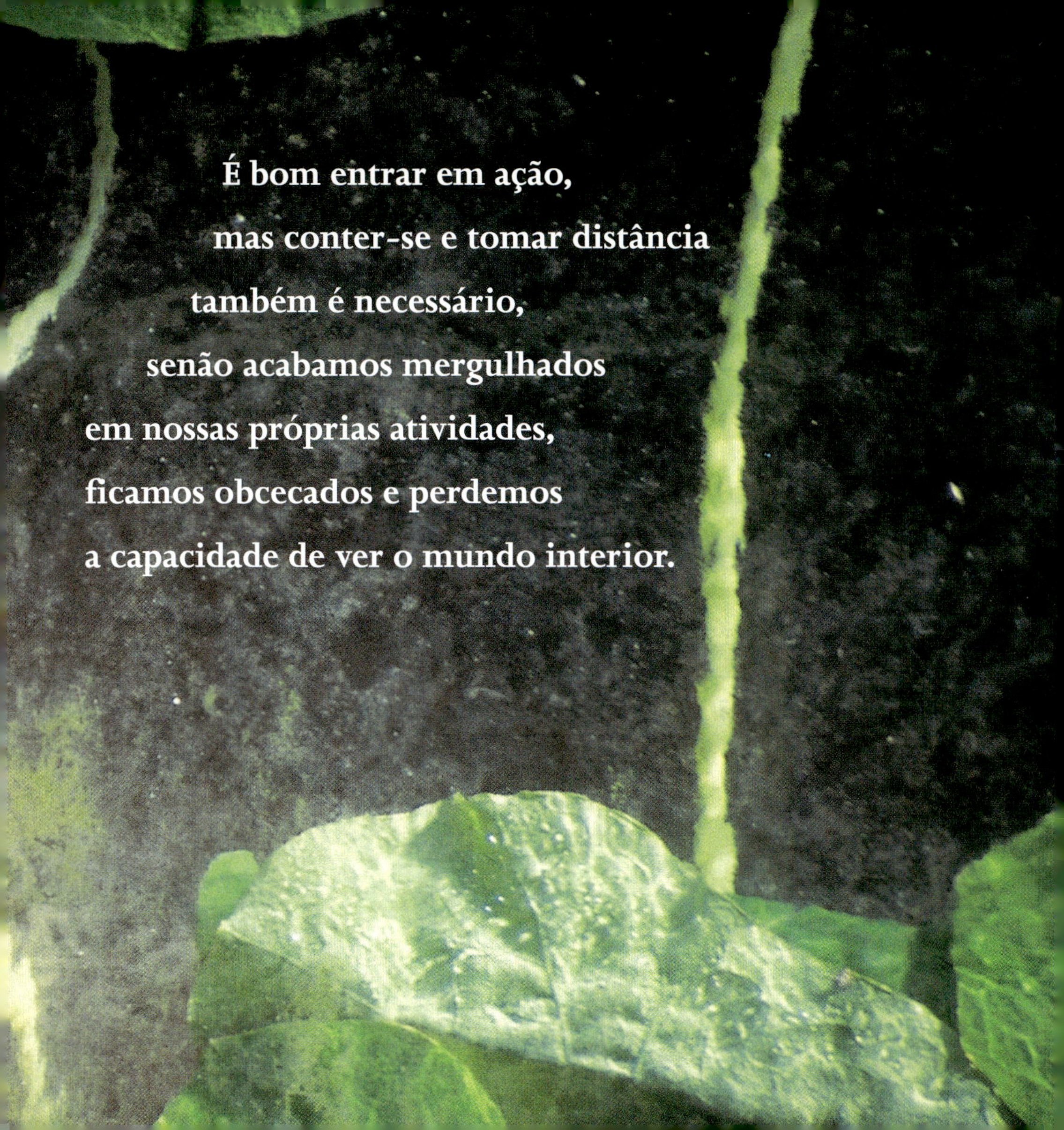

É bom entrar em ação,
mas conter-se e tomar distância
também é necessário,
senão acabamos mergulhados
em nossas próprias atividades,
ficamos obcecados e perdemos
a capacidade de ver o mundo interior.

Olhar o mundo
com perplexidade
nunca fez ninguém
superar os obstáculos,
nem solucionar
os problemas.

Solucionar problemas

Futuro

O caminho até a meta,
assim como o próprio
objetivo,
muitas vezes, não é
tão evidente assim,
pois sempre fica
na névoa do futuro.
Contudo, quanto
mais próximos
chegamos dele,
mais se desfaz o véu
que o envolve.

Nem sempre precisamos
querer alcançar
as estrelas ou o azul do céu,

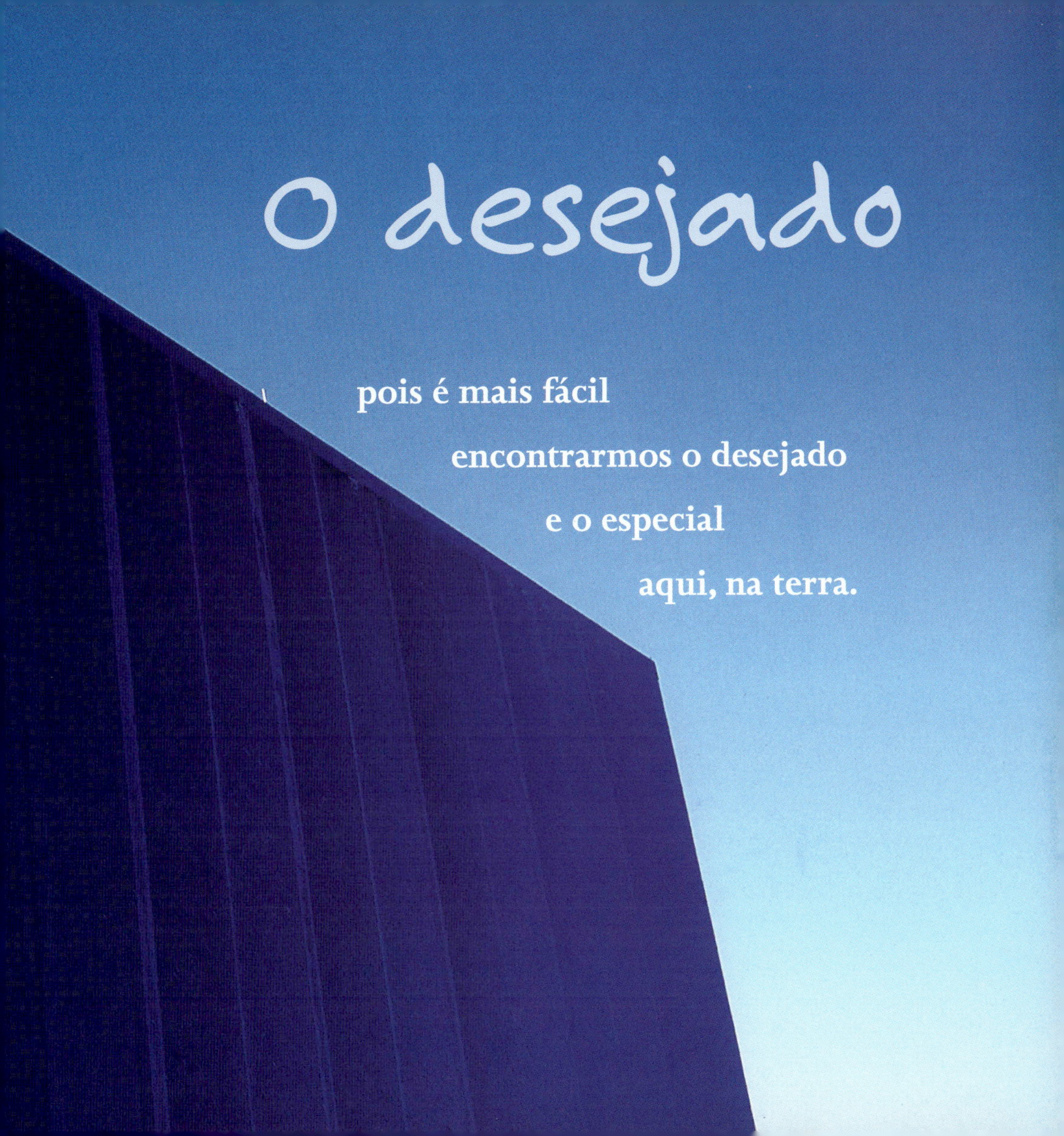

O desejado

pois é mais fácil
encontrarmos o desejado
e o especial
aqui, na terra.

Mesmo quando
um momento
da vida é duro,
difícil e cheio
de obstáculos,
tem seu sentido,
pois vamos superá-lo
para continuar
nosso caminho,
muitas vezes,
mais inteligentes
e fortalecidos.

Sentido

Independência, soberania e autonomia
são qualidades valiosas.
Contudo, há situações na vida
em que não podemos
fazer tudo sozinhos,
e é necessário pedir e aceitar
a ajuda das pessoas.

Ajuda

Alguns caminhos,
distantes e escuros,
parecem nos levar ao desconhecido.

Como é importante
sempre ter confiança
e dizer baixinho:
"Você vai conseguir!"

Confiança

Atrever-se um pouco

Se nós nem sequer nos atrevemos
a chegar ao acesso,
menos ainda ao portal
de entrada,
como poderemos experimentar
o que está apenas
esperando por nós?
Se nós sempre nos recusarmos
a entrar por medo
e por precaução, nosso destino
será sempre ficar de fora.

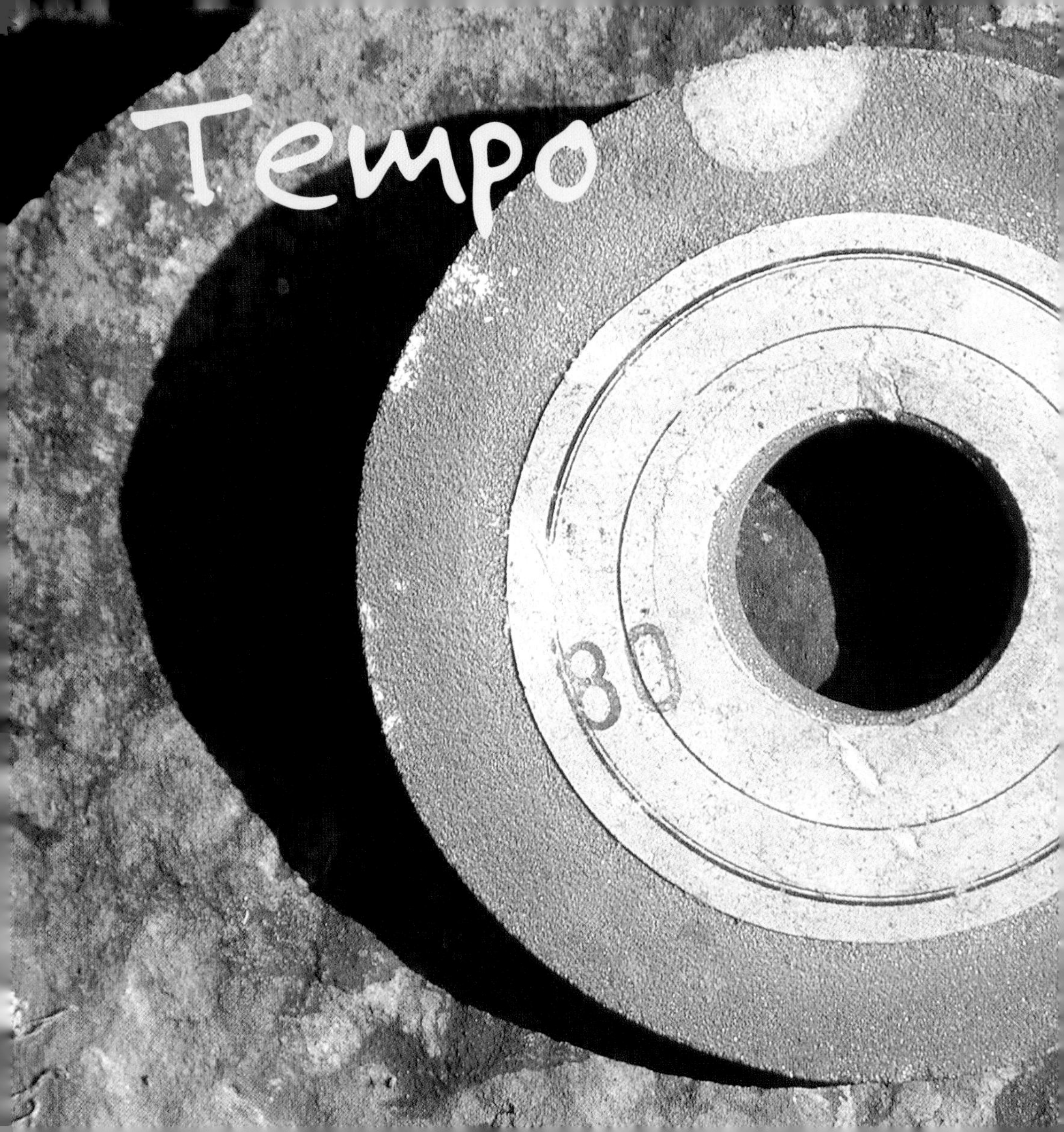
Tempo
80

Aquilo que está
constantemente em ação
e é muito exigido,
forçosamente acaba
se desgastando
com o tempo.
Algumas coisas podemos
consertar ou renovar,
outras são irreparáveis.
É importante conhecer
esta diferença.

Às vezes
é apenas
a nossa própria sombra
que nos segura
e nos impede
de caminhar, ativamente,
em direção
a novas condições
e novos desafios.

Desafio

Esperanças

Às vezes, precisamos
deixar que todas as esperanças
se percam pelo caminho.
Porém, isso não significa
que devemos desistir
de todas as esperanças,
pois sempre há
outros caminhos para os quais
nosso olhar está
temporariamente fechado.

Nenhum fardo é tão pesado,
nenhum perigo é tão grande,
nenhum esforço é demais,
nenhum momento é difícil
quando o motor que nos move
é suficientemente forte,
como o amor,
por exemplo.

Amor

Em todos os desejos,
em todos os esforços,
esperanças e atividades,
precisamos de uma compensação
que nos dê o descanso merecido.

Compensação

Às vezes, parece demorar uma eternidade
conseguir finalmente fazer valer nossos esforços e sacrifícios.
Porém, depois da prática disciplinada,
estes esforços serão sonoros por muito tempo.

Sonoro

Desejos

Que seguro,
que inteligente,
que bem planejado
e bem pensado!
Será que nós não
precisamos também
de um pouquinho de SORTE
para realizar nossos desejos
e nossos esforços?

Existência

É uma pergunta existencial
saber se, quando estivermos
na chuva, vamos chorar
ou vamos sorrir
e encarar as coisas
da vida renovados.

Sol

Ninguém pode escapar
de momentos difíceis,
mas ainda há o consolo de que o sol,
que se esconde acima das nuvens,
brilhará novamente em nossas vidas.

Até que isso aconteça,
é preciso que nossa luz própria
seja suficiente para que não
se perca na escuridão.

Para conseguir
colher uma boa safra,
são necessários muitos
ingredientes: competência,
cuidado e perseverança -
além disso
não podemos deixar que
ela passe do ponto certo.

Colheita

Ajuda acreditar
que um anjo da guarda
bate suas asas
sobre nossas cabeças.
Contudo, em primeiro lugar,
devemos confiar
em nós mesmos.

Coleção Quero lhe dizre...

É HORA
DE MUDAR!

TUDO DE BOM
PARA VOCÊ!

QUE VOCÊ
MELHORE

FELIZ
ANIVERSÁRIO

VOCÊ É
IMPORTANTE PARA
MIM

OBRIGADO